IF
내가 지도해야 한다면
I
AM
TO
LEAD

IF I AM TO LEAD

1988 Oversea's Missionary Fellowship
(formerly China Inland Mission)
Published by OMF International (IHQ)
2 Cluny Rd, Singapore
All rights reserved.
초판 1988 재판 1990, 1997

내가 지도해야 한다면

지은이 | D. E. 호스트
옮긴이 | 이찬미
재판 4쇄 2025년 05월 1일
발행인 | 최태희
디자인 | 홍연기
발행처 | 로뎀북스
등록 | 2012년 06월 15일
주소 | 충남 공주시 정안면 상룡길 90-18
이메일 | rodembooks@naver.com
ISBN | 978-89-93227-15-4 03230

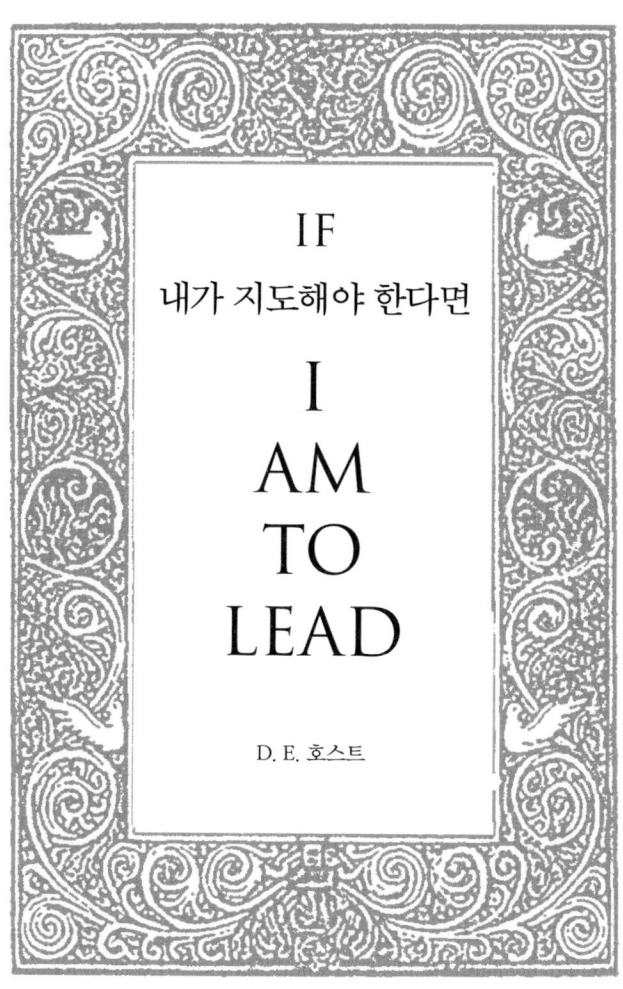

IF
내가 지도해야 한다면

I
AM
TO
LEAD

D. E. 호스트

OMF RODEM BOOKS

1865년 허드슨 테일러가 창설한 중국 내지 선교회(CIM)는 OMF의 전신이다. 중국 공산화 이후 사역지는 중국 내지에서 동아시아로 옮기게 되었고, 단체 이름도 OMF로 바뀌어 지금까지 사역해 오고 있다. OMF는 불교, 이슬람, 애니미즘, 샤머니즘 등이 가득한 동아시아의 복음화를 위해 사역해왔으며, 각 지역교회와 함께 예수 그리스도가 구세주이심을 선포하고 있다. OMF는 초교파 국제 선교단체로 복음적인 기독단체와 연합하여 모든 문화와 종족을 대상으로 사역하고 있다. 세계 27개국에서 온 1,300여 명의 사역자들이 동아시아 16개국의 복음화를 위해 섬기고 있다.

OMF의 비전

동아시아의 신속한 복음화를 통해 하나님을 영화롭게 하는 것이다.

목표

우리는 미전도 종족들을 찾아간다.
우리는 소외된 사람들에게 관심을 갖는다.
우리는 복음을 전하는 일에 주력한다.
우리는 국제적인 팀을 이루어 사역한다.

OMF International – Korea

한국본부 (137-828) 서울시 서초구 방배본동 763-32호 2층
전화 02-455-0261 / 팩스 02-455-0278
홈페이지 http://www.omf.or.kr
이메일 omf@omf.or.kr

딕슨 에드워드 호스트
(Dixon Edward Hoste), 1861-1946

D. E. 호스트는 1885년에 중국으로 건너 간 "캠브리지 세븐" 중 한 사람이다. 1900년에 그는 허드슨 테일러의 뒤를 이어 OMF의 전신인 CIM(China Inland Mission)의 대표가 되었다. 그는 35년 동안 그 자리를 지켰다.

호스트 씨는 비범하고 놀라운 사람이었다. 영적으로 뛰어나게 성숙하여 산 정상에서 하나님과 지속적인 교제를 나누었다. 그 높은 곳에서 땅의 것들에 대한 분명하고 통찰력 있는 비전을 가지고 있었다. 그 때문에 허드슨 테일러는 호스트의 말들을 "금으로 써 놓아야 한다."고 말한 적이 있다. 그의 말은 풍성하고 변치 않는 가치가 있기에 여기서 그 중 몇 가지를 다시금 새로이 전달하려 한다. 호스트의 말을 통해 리더의 자리에 있는 하나님의 사람이 어떻게 평가를 하고 사람과 일을 다루는지 그 방법을 배울 수 있다.

D. E. 호스트는 자신의 지도자이자 영웅인 허드슨 테일러의 일대기 머리말에 이렇게 썼다. "하나님께서는 특별한 일을 맡기기 위해 한 사람을 세우실 때 먼저 그 속에 원칙을 두신다. 그것은 후에 그 사람이 수고한 것과 그가 끼친 영향을 통해 교회와 세계에 널리 퍼지는 축복이 된다." 중국 내지 선교회의 창립자가 삶으로 살아낸 원칙들은 그의 뒤를 이어 총재가 된 호스트가 살았던 원칙이기도 했다. 하나님께서 그들의 삶을 통해 보이신 원칙은 다음과 같은 것이었다. 경쟁하지 않고 기꺼이 낮은 자리를 받아들이는 진정한 겸손의 원칙, 또 방종을 유도하는 유혹에 대한 경계를 결코 늦추지 않는 한결같은 절제의 원칙, 가차 없이 권위를 휘두르기 보다는 협력과 본을 통해 일하는 리더십의 원칙이 그것이었다. 호스트는 계속해서 주님의 뜻을 따라 살면서 깊은 비밀들을 배웠다. 그 중 몇 가지가 그가 돌보도록 맡겨진 동료 선교사들에게 쓴 편지와 글

에 남아 있다. 이러한 글과 그의 설교 중에서 하나님과, 또한 우리 동역자들과의 관계를 좌우하는 중대한 원칙 몇 가지를 발췌하였다.

호스트는 이렇게 말한 적이 있다. "내게 은사라는 것이 있다면, 기독교 원칙을 삶에 적용하는 일쯤 될 것 같다."

"If I have any gift at all, I feel it is along the lines of applying Christian principles to life."

· 편지 발췌문 ·

영적 리더십

Spiritual Leadership

영적 리더십

기독교 리더십에서 참된 것과 거짓된 것 사이에는 어떤 본질적인 차이점이 있을까? 만일 교회 내의 공인된 직책이 가진 힘으로 상대의 이성과 양심에 관계없이 그에게 순종을 요구한다면, 이는 횡포를 휘두르는 것이다. 반면에 한 기독교 사역자가 민감하게 동감하며 기도와 영적 능력과 건전한 지혜를 통해 다른 사역자에게 영향을 주고 깨닫게 하여서, 그가 스스로의 이성과 양심을 통해 이 길을 버리고 저 길을 선택할 수 있도록 이끈다면 이는 참된 영적 리더십이다.

SPIRITUAL LEADERSHIP

What is the essential difference between spurious and true Christian leadership?

When a man, in virtue of an official position in the Church, demands the obedience of another, irrespective of the latter's reason and conscience, this is the spirit of tyranny. When, on the other hand, by the exercise of tact and sympathy, by prayer, spiritual power and sound wisdom, one Christian worker is able to influence and enlighten another, so that the latter, through the medium of his own reason and conscience, is led to alter one course and adopt another, this is true spiritual leadership.

영적 리더십

어떤 문제에 관련되어 있는 모든 사실과 정황들이 확인될 때까지 열린 마음을 유지하는 능력은 결코 흔하지 않다. 그럼에도 얽히고설킨 사건들을 바르게 지도하고 다루는 데에는 이러한 능력이 필수적이다. 나는 어떤 면에서는 은사가 있는 개인들이 슬프게도 그와 같은 능력이 없는 경우를 여러 번 본 적이 있다. 그러나 중심되는 위치에 있는 사람이 해당 사건의 다양한 면면에 관한 모든 말들을 주의해서 듣고 재보지 않으면, 그는 바른 결론을 내릴 수도 없고, 그 결론에 영향을 받을 자들의 동의와 신뢰를 받지도 못할 것이다.

Spiritual Leadership

The faculty of keeping an open mind until all the facts and circumstances bearing upon a question have been ascertained is by no means common, and yet for the right guidance and management of complex affairs, it is obviously essential. I have had occasion repeatedly to observe that individuals gifted in some respects are sadly lacking in the quality mentioned; and yet unless the one in a central position is careful to hear and weigh all that has to be said touching the different aspects of a given affair, he will not be in a position either to reach a sound conclusion or to carry with him the consent and confidence of those affected by that conclusion.

영적 리더십

총재의 역할 중 가장 중요하고, 어떤 면에서는 가장 어려운 부분은 아마도 중요한 동역자들의 마음과 사역에 유익한 영향력을 끼치는 일일 것이다. 그러한 목적을 위해서 그에게 필요한 것은 권위 있는 하나님의 말씀이고, 거룩한 두려움과 떨림으로 그 말씀을 전달하는 자세일 것이다. 하나님 앞에서와 형제들과의 관계에서 그러한 마음으로 말씀을 전해야 한다는 것에 우리 모두 동의하리라 생각한다. 만일 그가 하늘의 정사와 어둠의 권세들과 지속적으로 충실하게 씨름하고 있지 않다면, 동역자들과 씨름하는 일에 엮이는 것은 정말로 위험할 수 있다. 성경에서 말씀하듯이 "주의 종은 마땅히 다투지 아니하고 모든 사람에 대하여 온유"해야 한다. 이와 관련하여 나 역시 다른 이들을 먹일 양식을 얻기가 쉽지 않다는 우리 주님의 가르침을 종종 되새기곤 하였다. "올바른 말은 참으로 설득력 있다!" 그리고 또한 "때에 맞는 말은 얼마나 아름다운가!" 하지만 그런 말들은 쉬이 얻을 수 없다.

Spiritual Leadership

Perhaps the most important, and in some ways the most difficult part of a General Director's functions lies in the exercise of helpful influence on the minds and so on the work of important colleagues. For such a purpose he needs indeed to 'speak as the oracles of God', which as I think we shall agree, involves a holy fear and trembling as to his own state of heart before God and in relation to his brethren. Unless he is constantly and faithfully wrestling in the heavenlies with the powers of darkness, there is real danger of his becoming involved in wrestling with his colleagues. As the Scripture says, "The servant of the Lord must not strive, but be gentle." In this connection I have myself often been reminded of our Lord's teaching that it will not be easy to obtain the bread wherewith to feed others. "how forcible are right words!" and again, "The word in season, how good it is!" But such words are not easy to obtain.

리더의 자격

Qualification
for Leadership

리더의 자격

우리와 같은 선교 단체에서 지도자의 주된 자질은 다양한 사역자들의 은사와 역량을 그 진가대로 파악하여 그 개인의 특성과 사역에 맞게 사역하도록 도와주는 능력이라고 생각한다.

QUALIFICATION FOR LEADERSHIP

My personal judgment, for what it may be worth, is that capacity to appreciate the gifts and powers of widely varying kinds of workers, and then to help them along the lines of their own personalities and working, is the main quality for oversight in a Mission like ours.

리더의 자격

한 사람을 다양한 영역과 관계 속에서 관찰하여 완전하고도 포괄적으로 이해하는 것이 얼마나 중요한지 경험을 통해 확실히 알게 되었다. 어떤 면에서는 … 확실히 알맞은 사람이었는데, 시간이 지나면서, 그의 마음의 도량을 제대로 재어볼 수 있는 기회가 점점 많아질수록, 그의 마음의 폭이 다른 이들의 생각과 경험의 진가를 알고 배워서 이를 자신의 생각과 계획에 엮어 넣을 만큼 넓은 마음을 가지고 있지 않다고 인정할 수밖에 없었다. 역사를 살펴보면 대개 위대한 정치, 군사 지도자들은 이러한 능력을 가지고 있었다. 가령 (아마도 가장 위대한 지도자였을) 나폴레옹은 재능 있는 자들로 이루어진 자문 위원회를 가지고 있었다. 각 사람은 국제 관계, 재무, 치안, 도로 건설을 비롯하여 교통과 관련 있는 여타 토목 공학 분야, 공중위생 등 사회 문제의 한 분야에서 특별한 지식과 경험을 가지고 있는 자들이었다. 나폴레옹은 경청할 줄 아는 사람이었고, 다른 이들의 특별한 지식을 특정 상황에 적용시킬 수 있는 재주가 아주 뛰어났다.

Qualification for Leadership

Experience has confirmed to me the great importance of thorough and comprehensive knowledge of a man, obtained by observing him in different spheres and relationships. In some respects...was undoubtedly fitted, but as time went on, and one had increasing opportunities of really gauging his mental calibre, the more I was obliged to recognize that he did not possess the amplitude of mind necessary for appreciating and learning from the thought and experience of others, and then weaving it into his own thinking and arrangements. History shows that this faculty has, as a rule, been possessed by great political and military leaders. Napoleon, for instance (perhaps the greatest of them all), had a council composed of able men, each with special knowledge and experience in some one line of public matters, such as foreign affairs, finance, police, making of roads and other departments of civil engineering bearing upon communication, sanitation, etc. He was a good listener and possessed in a high degree the gift of applying the special knowledge of others to a particular set of circumstances.

리더의 자격

교회 일을 잘 처리하고 다른 일꾼들을 잘 이끄는 데 필수적인 영적, 도덕적 자질은 어느 사회 계층의 남녀에게나 동일하게 있다는 사실을 나는 시간이 지나면서 간신히 납득하게 되었다. 중요한 점은 그들이 기도의 사람인가 하는 것이다. 자신의 판단과 충동적 감정을 깊이 불신하고 오직 성령께서 가르치고 인도하시는 대로 의견을 결정하고 표현하는 사람이냐는 것이다. 우리는 거룩하고도 근본적인 진리로 다시 돌아오게 되는데, 그것은 영적인 것은 곧 실제적이어야 한다는 사실이다.

QUALIFICATION FOR LEADERSHIP

As time goes on, I become increasingly persuaded that the spiritual and moral qualities requisite for helpful dealing with church affairs and guiding other workers, are to be found quite as much in men and women drawn from one social stratum as from another. The practical point is that they are really men and women of prayer, deeply distrustful of their own judgment and impulses, only forming opinions and expressing them as taught and guided by the Holy Spirit. We come back to the holy but fundamental truth that it is the spiritual that is the practical.

리더의 자격

경험을 하면 할수록 사역의 결과를 보고 리더십을 이야기하는 것은 지혜롭지 못하다. 리더십은 대체로 진행 사항의 원칙을 충실하고 끈기 있게 성취한 것에 달려 있음을 인지함이 좋을 것이다.

Qualification for Leadership

Experience more and more demonstrated the unwisdom of predictions as to leadership in the work of one or another. It is well to recognize that this mainly depends upon the faithful, persevering fulfillment of the laws of progress.

리더의 자격

우리 같은 선교 단체에서 제반 문제를 지도하는 입장에 있는 사람들은 변덕과 반대를 잘 참아낼 준비가 되어 있어야 한다. 또한 아무리 본질적으로 바르고 유익한 행동 방침이라 해도, 그와 관련된 사람 중에 찬성하지 않는 사람이 있다면 이를 단념할 수도 있어야 한다. 이와 같은 일과 관련하여 내가 테일러 씨에게서 받은 감명을 나는 결코 잊지 못할 것이다. 그는 단호한 반대를 만나서 건전하고 도움이 되는 자신의 계획들을 크게 수정하거나 포기해야 하는 상황을 거듭거듭 경험했다. 그로 인해 계획이 제대로 실행되었을 때 제거되거나 완화될 수 있는 해악보다 더 심한 해악이 만들어진다 해도 말이다. 훗날 인내로 지속된 기도에 대한 응답으로, 그렇게 중단된 계획들 중 상당수가 실행에 옮겨졌다. 끈기 있고 참을성 있는 기도는 선교 사역의 진전에 대부분의 사람들이 생각하는 것보다 훨씬 중요하고 실제적인 역할을 담당한다.

Qualification for Leadership

In a Mission like ours, those guiding its affairs must be prepared to put up with waywardness and opposition and be able to desist from courses of action which, though they may be intrinsically sound and beneficial, are not approved by some of those affected. I shall never forget the impression made upon me by Mr. Taylor in connection with these affairs. Again and again, he was obliged either greatly to modify or lay aside projects which are sound and helpful, but met with determined opposition, and so tended to create greater evils than those which might have been removed or mitigated by the changes in question. Later on, in answer to patient continuance in prayer, many of such projects were given effect to. Patient persevering prayer plays a more vital practical part in the development of the Mission's work than most people have any idea of.

리더십을 위한 준비

Preparation for Leadership

리더십을 위한 준비

다윗이 오랜 기간 겪어야 했던 고난과 위험의 훈련은 비록 고통스러웠지만 사울과 같은 실패를 하지 않기 위해서는 필요한 것이었다. 사울은 그에게 기회가 주어졌을 때, 왕권이 주는 시험과 유혹을 이기지 못했다. 따라서 하나님의 일 속에서 열매 맺기 원하는 자들은, 얼마의 기간 동안이든 삶의 한 부분에서 계획이 좌절되고 신용을 잃으며 굴욕을 당할 때 과하게 좌절하지 말아야 할 것이다. 이런 일이 일어나면 "하나님의 전능하신 손길 아래 자신을 낮추라"는 명령을 따라야할 때이며, 주 앞에서 젖 뗀 아이가 되는 것을 배울 때이다. 그리하여 눈에 잘 띄지 않지만 치명적인 결과로 작용하기 쉬운 훈련되지 않은 인생의 아집과 자력(自力)을 씻어내어야 할 때이다.

Preparation for Leadership

Painful as it was, the prolonged discipline of suffering and danger through which David had to pass was necessary, if he was to be preserved from failure similar to that of Saul, when in his turn subjected to the trials and temptations of the kingly office. Let not those, therefore, who are desirous of being fruitful in God's work be unduly cast down if for a portion, at any rate, of their lives they find their plans are thwarted, and they themselves discredited and humiliated. Then is the time to act upon the injunction to 'humble (ourselves) under the mighty hand of God', and to learn to be as a weaned child before Him, and thus to be purged from that self-will and self-energy which are prone to operate with subtle but deadly effect in undisciplined lives.

리더십을 위한 준비

누구든지 자신의 현재 활동 영역이 너무 좁거나 자기에게 맞지 않다고 느끼는 사람은 "인내를 온전히 이루"라는 주님의 말씀을 명심해야 할 것이다. 적어도 자기 정도의 사람에게 어울리는 위치를 달라고 주장하며 인내하지 못하면 아브라함의 하나님께서 후에 그를 통해 이루고자 하시는 일에 맞도록 자신을 다듬는 것이 사실상 불가능해질 수도 있다.

Preparation for Leadership

Should any feel their present sphere to be either too narrow or too uncongenial, it is well to bear in mind that by failing to 'let patience have her perfect work', and insisting upon being given a position more in consonance with what they think to be due to them, they may render it morally impossible for the God of Abraham to fit them for the service which He desires to accomplish through them later on.

동역자들과의 관계

Relationship
to Fellow-workers

동역자들과의 관계

주의 종이라면 모두 그의 손 안에서 축복의 도구로 쓰임 받기 원할 것이다. 이와 같은 소원은 보통 지금까지 서로 용납하지 못하여 분리되어 있던 개인이나 공동체가 연합할 때 이루어지는 경우가 많다. 우리는 사역에 더 큰 발전과 열매가 없을 때, 그 이유 중 하나가 다른 사역자나 주의 종들과의 관계를 조정하지 못해서가 아닌가 하고 스스로에게 묻는 것이 좋을 것이다. 우리는 분열을 낫게 하는데 꼭 필요한 일들을 할 준비가 되어 있는가? 주께서는 우리의 악감정을 내려놓고 서로에게 잘못을 고백하며 스스로를 낮추어 이러한 불화를 치유하라고 명령하셨다.

Relationship to Fellow-workers

It is probably true to say that every servant of the Lord desires to be an instrument of blessing in His hand. The fulfillment of this desire may often depend upon the union of two hitherto divided and mutually antagonistic individuals or communities. We do well to ask ourselves whether one reason for lack of greater progress and fruitfulness in our work may not be due to a lack of adjustment with some other servant or servants of the Lord. Are we prepared to take steps essential to healing such division? We are commanded to lay aside ill-will, confessing our faults one to another and humbling ourselves in order that such breaches may be healed.

동역자들과의 관계

마태복음 5장 23, 24절에서 보듯이, 주님은 제자들에게 서로에게 잘못한 일을 고백하여 즉시로 관계를 바로 잡으라고 하셨다. 그것은 제자들에게 주신 주님의 가르침 중 우선적인 것이었다. 즉 주께서 우리 자신과 우리의 은사를 받으시는 일에 동역자들과의 인간관계가 아주 중요하다는 것이다. 개인의 삶과 섬김에 열매가 없을 때, 가끔 그 원인이 위와 같은 교훈을 경시한 것일 수 있음을 알고 두려워해야 할 것이다.

Relationship to Fellow-Workers

The duty of, as far as possible, putting right any wrong done to another, is given an early and prominent place in our Lord's teaching of His disciples, as recorded in Matthew 5:23, 24. That is to say, the acceptance of ourselves and our gifts by the Lord is vitally affected by our relations with our fellows. It is to be feared that not infrequently barrenness, both in personal experience and in service, may be due to some disregard of this precept.

동역자들과의 관계

죄는 그 종류가 무엇이든 성령 하나님을 근심하게 한다. 그 중에서도 특히 다른 하나님의 자녀에게 쓴 마음을 갖는 형태로 나타나는 죄는 특히 하나님을 고통스럽게 하는 것이다. 마찬가지로 그와는 반대로, 주의 백성들 속에 사랑과 연합이 있을 때 더욱 강도 높은 하나님의 은혜와 축복이 임하게 된다.

Relationship to Fellow-workers

Sin of any kind grieves the Holy Spirit, but that form of it which find expression in bitterness towards another child of God causes Him special pain; just as, conversely, love and unity amongst the Lord's people draws forth in an especial degree His favour and blessing.

동역자들과의 관계

우리 마음속과 우리 방식에 성령을 근심하게 하는 점이 아주 많은데도 성령께서 우리를 떠나지 않는다면 우리도 어떤 사람과는 함께 일할 수 없다고 쉽게 결론을 내리지 말아야 한다. 자신의 무지함과 실수하기 쉬운 경향을 깨달을 때, 과거에 우리보다 혜택이나 기회가 적었던 동료 신자를 향해 온화하고 관용하는 마음을 가질 수 있게 된다.

Relationship to Fellow-Workers

If the Holy Spirit, in spite of so much in us and our ways to grieve Him, does not leave us, we should be very slow to conclude that we cannot work with some other Christian. The sense of our own ignorance and proneness to err may well work in us a spirit of gentleness and forbearance toward our fellow-believers, whose previous advantages and opportunities may have been less than our own.

동역자들과의 관계

아브라함에게 고향과 그곳의 소중한 교제를 버리라고 하신 주님이라면, 그에게 아주 마음이 맞고 도움이 되는 길동무를 붙여주셨으리라고 기대할 것이다. 그러나 사실은 그렇지 않았다. 오히려 롯을 살펴보면 어느 정도 믿음은 있는 듯하나, 동시에 연약하고 이기적이고 물질적이어서 힘과 위로가 되기보다는 부담과 걱정을 안겨 주는 사람이었다. 그럼에도 우리는 롯과의 관계로 인한 시험과 훈련이 아브라함의 인격을 이루었고 그의 안에 "여러 민족의 아버지"로서 반드시 있어야 하는 도덕적이고 영적 자질이 형성되는데 꼭 필요한 것이었다고 생각할 수 있을 것이다.

RELATIONSHIP TO FELLOW-WORKERS

It might have been expected that the Lord, at whose command Abraham had left his native land and its cherished associations, would see to it that his companion should be thoroughly congenial and helpful. But it was not so. On the contrary, it is clear that, whilst Lot seems to have had a measure of faith, he was weak, selfish and unspiritual, and therefore a cause of strain and anxiety rather than of strength and comfort. And yet we may be sure that the trial and discipline this involves were necessary to the forming of Abraham's character and of working in him the moral and spiritual qualities essential to his being a 'father of many nations.'

사람을
사용하는 능력

Ability to Make
Use of Men

사람을 사용하는 능력

주님은 제자들을 어떻게 얻으셨는가? 그들은 나중에 때가 되어 교회를 세우고 확장한 사람들이었다. 그것이 가능했던 것은 통찰력 부족, 불신, 교만, 굳은 마음, 우유부단함과 기타 허물들을 가진 제자들을 인내하며 참아 주셨기 때문이었음을 우리는 안다. 그뿐인가. 단지 참아 주신 것 뿐 아니라 그들을 믿고 능력과 사역을 맡기셔서, 이스라엘의 집에 공인된 대리인들로서 그들을 보내셨다. 그 무엇보다도, 주님은 제자들을 위해 끊임없이 기도하셨다. 주님께서는 제자들에 대해서 용기와 믿음과 소망을 가지셨다. 이는 위대한 지도자가 가져야 할 중요한 자질이다. 성경은 처음에는 가망 없어 보이던 자들에게 믿고 짐을 지우고, 위험에 맞서게 하고, 결단을 내리게 하고, 고난을 견디게 함으로써 그들이 훗날 하나님의 위대한 종들로 성장한 사례를 계속해서 보여준다. 물론 그들도 넘어지거나 시험에 빠진 적이 있었다. 하지만 잠언에서 말씀하신다. "대저 의인은 일곱 번 넘어질지라도 다시 일어나려니와"

ABILITY TO MAKE USE OF MEN

How did our Lord get His apostles, who in due time built up and extended the Church? We know it was by patiently bearing with them in their lack of insight, their unbelief, their pride, their hardness of heart, their instability and other faults. More than that, He not only bore with them, but He trusted them with power and with ministry, sending them forth as His accredited representatives to the house of Israel. Above all, He constantly prayed for them. We may say with reverence that He had the courage, the faith, the hope regarding His disciples, which are amongst the most essential qualities of a great leader. The Bible gives instance after instance of men unpromising enough at first, who subsequently developed into great servants of God by being trusted to bear burdens, face dangers, make decisions, and endure hardness. True, they sometimes stumbled and fell under their trials. But as the Proverb says: 'A just man falleth seven times, and riseth up again.'

사람을 사용하는 능력

주께서 때가 되면 사역에 사용하셨을 사람들을 교회에서 많이 잃은 것은 두려워해야 할 일이다. 지혜롭고 호의적인 영향력과 존중의 마음을 가진 사람 아래에서라면 그들이 부족한 모습에서 탈피할 수 있었을 텐데, 정작 개발되지 않은 가능성들을 파악하지 못하고 연약하고 실수한다고 미래의 일꾼들을 거부한 것이다. 고착된 사고를 가지고 다른 사람들, 특히 어리고 미숙한 사람들에 대해 협소하고 비판적인 판단을 하기가 쉽고 그렇게 함으로 리더로서의 중요한 자질을 놓치고 실패한다. 중국에는 "훌륭한 지도자는 사람을 잘 사용할 줄 안다."는 속담이 있다. 다시 말해서, 훌륭한 지도자라면 다양한 사람들 속에 있는 각자의 특별한 재능을 감지하고, 그들이 어떤 분야에서는 한계와 서투른 면을 가지고 있을지라도 그 재능을 발휘할 기회를 준다는 것이다. 그는 한 가지 종류의 힘이나 은사를 가지고 있으면 일반적으로 다른 재능들은 부족하기 마련이라는 사실을 잘 알고 있다. 좋은 망치를 가지고는 구멍을 뚫을 수 없고, 실톱을 가지고 못을 박아 넣을 수는 없는 법이다.

ABILITY TO MAKE USE OF MEN

It is to be feared that many whom the Lord would have used in due time in His service have been lost to the Church through the failure of those concerned to perceive and appreciate undeveloped possibilities in men, and so being repelled by faults and weaknesses which, under wise, sympathetic influence and a spirit of appreciation, they would have grown out of. It is possible to become stereo-typed, narrow and critical in our judgment about others, especially the young and immature, and so fail in one of the most essential qualities of leadership. A Chinese proverb says: "The good ruler is able to make use of men." In other words, he can perceive and find scope for the particular faculties of various kinds of men, notwithstanding their limitations and inaptitudes in some directions. He recognizes, indeed, that the possession of one kind of power and gift generally involves lack of some other kinds. You cannot bore a hole with a good hammer, or drive home a nail with a fret-saw.

하나님의 말씀을 맡은 자로서

Speaking as the Oracles of God

하나님의 말씀을 맡은 자로서

시간을 두고 하나님을 오래 기다리지 않고서는 사역을 어떻게 진행하실 지에 대한 하나님의 계획과 방법을 우리의 머리로 정확하게 이해할 수 없다. 또한 오랜 기간 끈질기게 간구하지 않고서는 공동체 사역 가운데 영혼의 회심과 하나님의 양떼를 참되게 먹일 수 있는 영적 능력을 가질 수 없다.

Speaking as the Oracles of God

It is a fact that our minds cannot receive correct impressions of God's plan and methods for the carrying on of the work unless much time is given to waiting upon Him. Nor will there be spiritual power in our public ministry for the conversion of souls and the real feeding of the flock of God without prolonged and strenuous supplications.

하나님의 말씀을 맡은 자로서

주님의 가르침 중에 아주 인상 깊은 것이 있었다. 여러 사람을 향해서든 개인을 향해서든, 그리스도인을 위해서든 이방인을 위해서든, 해 주어야할 바른 말을 얻는 것이 쉽지 않다는 것이었다. 주님은 "너희에게 말하노니 비록 벗됨으로 인하여서는 … 주지 아니할지라도" ("너희는 내가 명하는 대로 행하면 곧 나의 친구라") "그 간청함을 인하여 … 주리라."고 말씀하셨다. 다른 이들을 먹이기 위한 양식을 달라고 얼마나 조르고 졸라 보았는가? 하나님은 결코 사람을 차별하지 않으신다. 다만 그리스도의 일꾼 된 자로서 자신의 사명의 본질을 깨닫고, 동역자이든 교회 성도이든 불신자이든 다른 이들을 먹일 빵을 달라고 강청하는 기도를 하는 자가 사용 받을 뿐이다. 나 역시 한 지역이나 부서에서의 문제나 어려움에 대해 쓴 편지에 꼭 적절한 말로 회답할 수 있도록 간절히 기도한 적이 얼마나 많았던가!

Speaking as the Oracles of God

I remember being early impressed by our Lord's teaching that it would not be easy to obtain the right words, whether for a number or for an individual, whether Christian or pagan. "I say unto you, " He said, "though he will not...give him, because he is his friend" ("Ye are my friends, if ye do whatsoever I command you") "yet because of his importunity...he will...give..." How much do we know of prevailing importunity for bread with which to feed others? He is no respecter of persons; it is the one who recognizes the true nature of his vocation as a worker for Christ and gives himself to importunate prayer for bread with which to feed others, whether fellow-workers, church members or unbelievers, who will be useful. How often have I for days waited in earnest prayer for right words in replying to a letter dealing with some trouble or difficulty in a district or station!

하나님의 말씀을 맡은 자로서

다른 이들을 가르칠 때 하나님이 메시지를 보내실 때까지 기다릴 필요가 있다는 사실을 우리는 충분히 설명하고 있는가? 주님은 정말로 결코 사람을 차별하지 않으신다! 우리에게는 아마도 어리지만 주님과의 연합을 경험적으로 알고 있는 형제나 자매로부터 영적인 도움과 신선한 회복을 받은 경험이 있을 것이다. 반면 훨씬 성숙한 자와의 교제 속에서도 전혀 회복을 얻지 못한 슬픈 경험도 있을 것이다.

Speaking as the Oracles of God

Is the need of waiting upon God for messages given a sufficient place in our teaching of others? How true it is that the Lord is no respecter of persons! I expect we have both often had the experience of receiving spiritual help and refreshment through some quite young brother or sister who is experimentally joined to the Lord, whilst there has been a sad lack of such refreshment in intercourse with some of much greater maturity.

하나님의 말씀을 맡은 자로서

하나님의 인도와 명령을 기다리는 데 실패하면 하나님을 신뢰하는 것은 사실상 불가능하다. 주님을 기다리며 그분이 내 생각을 다듬으실 때까지 인내하지 못하는 사람은 결코 한결 같은 목표와 잠잠한 신뢰를 가지지 못할 것이다. 이 두 가지는 위기와 어려움의 때에 다른 이들에게 지혜로운 영향을 주기 위해 반드시 필요한 것들인데 말이다.

Speaking as the Oracles of God

It is morally impossible to exercise trust in God while there is failure to wait upon Him for guidance and direction. The man who does not learn to wait upon the Lord and have his thoughts moulded by Him will never possess that steady purpose and calm trust, which are essential to the exercise of wise influence upon others, in times of crisis and difficulty.

기도하기

The Practice
of Prayer

기도하기

나는 금식이 좋은 것을 발견했다. 이 문제에 대해 아무에게도 부담 줄 생각은 없지만, 나에게는 기도하는 시간을 가지기 위해 식사를 하지 않는 것이 도움이 되었다. 많은 이들이 기도할 시간이 충분하지 않다고 말하면서도 식사하는 데 한 두 시간쯤 들이는 것을 아무렇지도 않게 생각한다. 가끔은 먹지 않는 것도 시도해 볼 만하다. 영적으로 얼마나 유익하겠는가? 내 생각에는 우리 소화에도 이로울 것 같다!

The Practice of Prayer

I find it a good thing to fast. I do not lay down rules for anyone in this matter, but I know it has been a good thing for me to go without meals to get time for prayer. So many say they have not sufficient time to pray. We think nothing of spending an hour or two in taking our meals. It is worth while trying out doing without sometimes. What a benefit it is spiritually, and I believe our digestions would benefit also!

기도하기

보이지 않는 영원한 것에 대한 환상을 생생하고 진실하게 유지하기 위해 날마다 주님과 깊은 교제를 나누는 것이 얼마나 중요한 일인지! 간절한 기도와 하나님의 거룩한 말씀을 신실하게 묵상하면서 날마다 개인적으로 주님께 나가야 할 것이다.

오직 그렇게 함으로써만 마귀의 시험과 함정들, 세상의 유혹, 혹은 우울하고 슬픈 시간에서 우리 자신을 지킬 수 있을 것이다.

THE PRACTICE OF PRAYER

If our vision of the unseen and eternal is to be kept bright and true, how important it is that we be found faithful in our daily personal communion with the Lord Himself through earnest prayer and study of His holy Word!

Thus, and thus only, shall we be preserved, whether from the temptations and snares of the devil and allurements of the world, or in the hour of depression and sorrow.

기도하기

어린 신자들에게 교육 과정 속에 있는 다른 것들보다, 혹은 최소한 다른 것들만큼 기도와 간구를 가르치고 계발시켜야 할 필요가 있지 않을까? 그러지 못한다면 최소한 우리 자신들이라도 진정으로 하나님 앞에 깨어서 끊임없이 인내하며 기도라는 이 거룩한 전쟁을 해야 한다. 그러지 못하면 다른 사람들에게 전혀 감명을 주지 못할 것이다. 기도는 할수록 더 하고 싶은 법이고 그 역도 마찬가지이다.

The Practice of Prayer

Should it not be recognized that the practice of prayer and intercession needs to be taught to young believers, or rather developed in young believers, quite as much as, if not more than, other branches of the curriculum? Unless, however, we ourselves are, through constant persevering practice, truly alive unto God in this holy warfare, we shall be ineffective in influencing others. I am quite sure the rule holds that the more we pray the more we want to pray; the converse also being true.

진정한 겸손

True Humility

진정한 겸손

"범사에 온유함을 모든 사람에게 나타낼 것." 이 '온유(meekness, 온순함)'라는 단어 안에는 잘못된 대우를 받는다는 의미가 내포되어 있고 그럼에도 그리스도인은 인내와 겸손, 유연한 마음과 태도를 실천해야 한다는 것이다. "마음이 조급한 자는 어리석음을 나타내느니라." 진지하게 능력 있는 사역을 했으면서도 이러한 면에서 실패하면 그 사역 역시 손상되고 열매 없는 자리에 까지 갈 수 있음을 기억해야 할 것이다.

True Humility

"Showing all meekness unto all men." The very word 'meekness' implies that there has been wrong treatment, calling in the Christian, for the exercise of patience, humility and tenderness of heart and of manner. "He that is hasty of spirit exalteth folly." We do well to remember that failure in this respect goes far to vitiate and render fruitless a ministry, which may otherwise be characterized with much real earnestness and ability.

진정한 겸손

하나님께서는 자신의 속성 중 하나가 노하기를 더디 하는 것이라고 하셨다. 모든 그리스도인은 그릇됨과 불법 앞에서 차분하고 인내할 수 있는 자질을 가꾸어 가야 할 것이다. 이는 특히 복음을 설교하거나 주의 백성을 감독하는 것과 같이 아주 영예로운 일을 맡은 이들에게 더욱 더 필요하다. "다투는 시작은 둑에서 물이 새는 것 같은즉." 따라서 언제든지 논쟁에 뛰어들고 싶은 유혹을 받을 때면 그 유혹을 견딜 수 있는 은혜를 구해야 하며, 주님께서 내게 능력을 주시고 인도해 주시기를 잠잠히 기다려야 할 것이다. 스스로를 다툼과 당 짓는 일에 물들이지 않으면서 다른 이들의 잘못과 분쟁에 대처하려면 다른 방법이 없다.

True Humility

God has revealed to us that one of His own attributes is that He is slow to anger. A calm and patient spirit in the presence of wrong and injustice should be cultivated by every Christian man; but it is specially needful in the case of those entrusted with the high honour of preaching the Gospel or exercising oversight amongst the Lord's people. "The beginning of strife is like the letting out of water." It is of vital importance, therefore, if at any time we find ourselves tempted to enter into contention, that we should seek for grace to be kept from doing so, and give ourselves to quiet waiting upon the Lord for His power and guidance. In no other way can we be fitted to deal with the faults and disputes of others without ourselves becoming infected with the spirit of strife and partisanship.

진정한 겸손

우리가 다른 이들의 죄와 부도덕, 어리석음을 볼 때, 우리에게 어느 정도 쓴 마음이 생기고 참지 못하고 경멸하게 되는 경향이 있는데 그것은 아주 강렬하면서도 교묘하다. 우리는 자신이 저지르지 않은 악행을 보면, 그런 일을 저지른 사람보다 우리가 더 낫다고 결론짓기 쉽다. 이는 바리새인이 했던 잘못으로, 그는 비록 진심으로 자기가 다른 이들과 다르다고 하나님께 감사드렸지만 주님께서는 그 역시 심판 받을 것이라고 말씀하셨다. 이 바리새인은 각 개인이 가지는 진짜 죄의 양은 특정 행위의 성질에 보다는, 개인에게 허락된 빛과 기회를 고려하여 세워진 하나님께서 기대하시는 행실의 기준에 그가 얼마나 미달했는가에 달려있다는 사실을 깨닫지 못했다. 이 근본적인 진리를 잘 이해하고 있으면 다른 이들과 비교하여 우리 자신을 바르게 평가할 수 있을 것이며, 온유하고 존중하는 마음으로 동역자를 대하게 될 것이다. 이러한 마음 없이는 동역자들의 행복을 위해 들이는 우리의 노력이 아무 열매도 맺지 못할 위험이 있다.

True Humility

As we see the sins, vices and follies of others, the tendency for a spirit of bitterness, impatience and contempt in some degree to possess us is at once strong and subtle. We witness acts of depravity which we ourselves have not committed, and are apt to conclude that we are therefore better than persons so behaving. It is the mistake of the Pharisee who, no doubt sincerely, thanked God that he was not as others but who, our Lord has told us, was nevertheless condemned. He did not perceive that the true measure of guilt of each individual is to be gauged not so much by the character of certain actions, as by the extent to which he has come short of the standard of conduct which God expects of him, having regard to the light and opportunity granted to him. A heartfelt perception of this fundamental truth will help us in forming a true estimate of ourselves as compared with others, and will work in us that spirit of meekness and respect in our contact with our fellow-men, without which our efforts for their good are in danger of being fruitless.

"자기를 낮추시고"

"He Humbles Himself"

"자기를 낮추시고"

하나님의 아들이 사람이 되셨다. 그분은 땅에 계신 동안에 인간의 순종을 받을 권리가 있으셨다. 창조주로서, 다윗의 자손으로서, 또는 그의 개인적인 인격과 행실, 그 어느 면을 보아서도 인간은 순종해야 했다. 그런데 이 권리는 전부 하나같이 무시되었을 뿐 아니라 짓밟혔고, 우리 주님은 신(神)적이든 인간적이든, 어떤 힘에라도 의지하여 그 권리를 주장하거나 요구하기를 의도적으로 거부했다. 그 결과는 죽음이었고, 인간적으로 보면 그의 목적은 좌절되었다. 우리에게 그러한 주님의 발자취를 따를 수 있는 은혜가 있기를… 그래서 우리가 복음의 사역자들로서 증언하는 일에 손상이 없기를, 또한 그리하여 우리 자신이 하나님의 종인 것이 증명되기를 원한다. 여기에 우리의 진정한 승리와 열매가 있다. 그와는 달리 자기 과시나 자기의 권리를 주장하는 것과 같은 방법은 틀림없이 영적 패배와 황폐함이라는 결과를 가져올 것이다.

"He Humbles Himself"

The Son of God became man. Whilst on earth He had every right to the obedience of man, whether as Creator, or as the heir to the throne of David, or in virtue of His personal character and conduct. Each and all of these right were not only ignored, but were trampled underfoot, our Lord deliberately refusing to assert or vindicate them by any appeal to power, divine or human. The result was His death, and, so far as man was concerned, the defeat of His cause... May we have grace so to follow in the footsteps of our Lord that our witness as ministers of the Gospel may not be impaired, and we may thus be able to approve ourselves as the servants of God. Herein will lie our true victory and fruitfulness; the other method of self-assertion or demanding rights resulting with equal certainty in spiritual defeat and barrenness.

"자기를 낮추시고"

그리스도인이란 자신이 처한 환경에서 '그리스도의 삶'을 사는 사람이라는 사실을 적당히 망각하고 살기가 얼마나 쉬운지…

"He Humbles Himself"

How easy it is in some measure to lose sight of the fact that the only Christian life is the Christ-life worked out in relation to the circumstances of our lives!

순종의 비밀

The Secret of Submission

순종의 비밀

우리 인생의 '시냇물'(본성적인 위안, 우정, 부, 건강 등)이 흐름을 멈추고 그냥 말라갈 때, 혹은 그것이 동료의 잘못으로 인한 것일 때, 그 사실을 너무 마음에 두지 않는 것은 매우 중요하다. 이런 일에 지나치게 신경을 쓰면 마음에 쓴 뿌리가 생겨서 좋은 일보다는 해가 되는 결과를 가져올 것이다. 로마서 8장은 "하나님을 사랑하는 자 … 에게는 모든 것이 합력하여 선을 이루느니라."라고 말씀한다. 하나님이 사랑하시는 자가 아니다. 당신께서는 모든 인간을 사랑하시니까. 하나님을 사랑하는 자이다. 우리는 하나님을 실제적으로, 경험 속에서 사랑해야 한다. 그렇게 해야 하나님께 대한 잠잠한 확신과 신뢰라는 바른 태도를 유지할 수 있다.

The Secret of Submission

How important it is, when some 'brook' (natural comfort, friendship, prosperity, health) in our lives is drying up, not to murmur, or if it is brought about by the misdoings of fellow-men not to let our minds dwell over-much on it, lest we become full of bitterness; in which case these things will not work for our good but will work harm. We are told in Rom. 8 that "all things work together for good to them that love God." Not to those that God loves, for He loves all. It is necessary to love God practically, in the experience, to maintain a right attitude towards Him of quiet confidence in Him and faithfulness to Him.

순종의 비밀

불화 가운데서 낮은 자리로 내려가는 것, 멸시받거나 상처 받은 자들에게 굴복하기 위해 멸시받거나 상처받는 것, 하나님의 전능하신 손아래에 자신을 낮추는 것, 자신을 높여도 좋을 시기에 하나님을 의지하는 것, 이것이 행함 있는 믿음이다.

The Secret of Submission

To take the lowly place in a misunderstanding; when slighted or hurt to go under the slight or hurt, humbling oneself under the mighty hand of God, relying on Him in due season to exalt one, is faith in operation.

자기 훈련

시간 사용에 대해 늘 민감한 양심을 가지고 있어야 한다. 선교사는 상사에게 자기가 사용한 시간을 보고해야할 즉각적인 의무가 없기 때문에, 이 문제에 있어서 방종의 유혹이 심각할 수 있다.

Self-discipline

A sensitive conscience about the use of time needs to be maintained. The fact that a missionary is not immediately responsible to some superior as to the use of his time carries with it a serious temptation to laxity in this matter.

자기 훈련

물론 고정된 계획표나 스케줄이 있어도 나태해질 수 있다. 마음을 기울이지 않고 소홀한 태도로 일할 수 있기 때문이다. 군중 앞에서 해야 할 설교는 아주 성실하게 준비하면서 그냥 대여섯 명의 중국인을 가르칠 경우에는 대충 넘어가지 않기 위해 스스로를 경계해야 할 필요가 있었다. 기회가 있을 때마다, 그 모든 기회에 최선을 다하는 은혜가 있기를 …

Self-discipline

It is also true that even with a fixed timetable or schedule it is possible to be indolent there too. One can do the work in a slovenly manner without heart or preparation. Then, too, we may be faithful when we are preparing to preach before a crowd, but when it is just teaching half a dozen Chinese, I found the need of watchfulness against careless work. May we have grace to do our best every time and all the time.

자기 훈련

젊은이들은 처음 현지에 나오면 각자 다른 능력이나 열정, 개성을 가지고 자기 인상을 남긴다. 이런 저런 자질이 있는 저 사람이 큰 성공을 거둘 것이라고 상상하기 쉽다. 그러나 기다리며 지켜보는 편이 더 현명하다. 종종 눈에 띄지 않고 은사가 적어 보이던 이들이 대단한 근면함과 헌신을 통해 좋은 결과를 내는 경우가 많다.

SELF-DISCIPLINE

When young people first come out, how this one or that one makes an impression by ability, zeal or personality. It is easy to imagine such and such a one is going to make a great success. But it is wiser to wait and see. Often the unnoticed and less gifted ones by sheer diligence and devotion become the successes.

자기 훈련

"에브라임은 … 암소 같아서 곡식 밟기를 좋아하나"(호 10:11) 우리들 대부분은 강단과 쟁기 사이에 황소 그림이 있고 그 아래에 "어느 쪽이든 준비되어 있다"라는 말이 쓰인 그림을 본 적이 있을 것이다. 이는 호세아 선지자가 묘사한 에브라임과는 전혀 거리가 멀었다. 그는 진짜 희생과 수고를 들이는 섬김보다는 편안한 인생과 만만한 일을 좋아했다. 에브라임은 본디 족속들 가운데서 탁월한 족속으로 만들어졌기에 이는 더 슬픈 일이었다. 이 탁월함을 올바로 이해한다면 이만한 재능에는 특별한 의무와 함께, 다른 이들을 대신하여 겪는 고난까지 수반된다는 것을 알 수 있을 것이다.

SELF-DISCIPLINE

"Ephraim is as an heifer that ... loveth to tread out the corn" (Hos. 10:11) Most of us are familiar with the picture of an ox or heifer standing between an altar and a plough with the words 'Ready for either' underneath. This is just what Ephraim, as described by the prophet Hosea, was not. He loved an easy life and a soft piece of work in preference to service that involved real sacrifice and toil. This was the more sad because Ephraim originally was designed for pre-eminence amongst the Tribes, which pre-eminence, rightly understood, involved special burdens and even suffering on behalf of others.

자기 훈련

우리가 진정으로 사랑을 따라 행하려고 할 때, 하나님께서 나와 성미가 맞지 않는 사람을 통해 가슴을 후벼 파는 강력한 방식으로 우리가 시험 받을 것을 허락하신다는 사실에 놀라서는 안 된다. 그리고 이 시험은 계속된다. 금세 끝나버리는 폭우가 아니라, 계속해서 불어대는 폭풍우이다.

나는 주께서 우리를 항상 보고 계시다고 믿는다. 그리고 만일 우리가 주를 믿는 믿음으로 싸운다면, 비록 쓰라린 투쟁일지라도, 우리는 더 온전하게 "그리스도와 함께 사랑에 참여한 자가 된다." 우리가 시작할 때에 확신한 것을 끝까지 견고히 잡고 있으면 우리는 그리스도와 함께한 자가 된다. 이는 위대한 원리이다. 이 원리는 다양한 방식으로 그리스도인의 삶에 깊이 적용된다. 처음 구원을 받았을 때부터 마지막까지 적용되는 진리이다. 그러면서 주님은 말씀하신다. "그래, 내 사랑하는 이 자녀는 나의 은혜를 통해 승리해냈다. 그는 그리스도 안에서 갓 태어난 아기, 내가 그의 옆에 붙여둔 육신적인 그를 사랑함으로써 내가 그에게 더 많은 것들을 믿고 맡길 수 있게 하였다."

SELF-DISCIPLINE

We must not be surprised, if we are earnestly seeking after love, if He permits us to be tried in some fierce way that cuts to the quick, by somebody that goes against the grain. And the trial keeps on. It is not just a storm soon over, but going on and on.

I believe that the Lord is looking at us all the time, and if we fight through by faith in Christ, although it is a sore conflict, then we are 'made partakers of the love of Christ' more fully. We are made partakers of Christ if we hold fast the beginning of our confidence firm to the end. That is a great principle. It applies right through the Christian life in many different ways. It applies to salvation at the outset and goes on to the end. Then the Lord says, "Yes, this dear child of Mine, through My grace, has won through; he has loved that babe in Christ, that carnal one that I put alongside him and so I can entrust him with much more."

자기 훈련

모든 그리스도인에게는 특정한 분야에서 자기만이 가진 의무가 있어서 그 분야에 반드시 필요하며 마땅하다고 여겨지는 개인은 그것을 성취하는 책임을 다하기까지 자신의 주된 시간과 에너지를 그 분야에 쏟아야 한다. 그것이 옳은 일이지만 또한 우리 각 사람은 어디에나 있는 하나님의 사람들과 하나님의 사역을 두고 기도하며 교통하는 관심을 유지하고 계발해야 한다. 그것도 극히 중요한 일이다. 우리는 주님께서 제자들에게 고개를 들어 밭을 보라고 하신 명령을 마음을 써서 행동에 옮겨야 한다. 그렇지 않으면 "눈에서 멀어지면 마음에서 멀어진다."는 옛 속담이 곧 우리의 이야기가 될 수 있다.

Self-discipline

Whilst it is true that every Christian has the duties of his own particular sphere, to the fulfillment and care of which the individual concerned necessarily and rightly must devote the main part of his time and energy; yet it is of vital importance that each one of us should maintain and cultivate a prayerful, sympathetic interest towards God's people and God's work everywhere. We must be careful to carry out the injunction of our Lord to His disciples to lift up their eyes, and look on the fields; otherwise, the works of the old adage, " Out of sight, out of mind", will speedily become true in our case.

자기 훈련

하나님의 성령이 "각 마디를 통하여 도움을 받는" 방식으로 주님의 몸을 위한 당신의 사역을 성취하신다는 진리를 얼마나 실제적으로 마음에 새겨야 하는지! 아무리 중요한 사람이라고 해도 다른 사람에게 "나는 당신이 필요 없다."고 말할 수 없다. 우리는 말은 그렇게 하지 않지만 실제로는 형제들의 협력과 신중한 평가에 마땅한 가치를 두지 않기 쉽다. 우리는 혹여나 "이 작은 자" 중 가장 작은 자라도 "업신여기지" 않도록 주의해야 한다. 청년 시절에 젊은이들에게 자만이 쉽게 빠지기 쉬운 오류이니 자만심에 빠지지 않도록 자신을 지켜야한다는 말을 들은 기억이 있다. 이 말은 확실히 당시의 젊은이들에게 맞는 말이었다. 그러나 해가 지나면서 때로는 이제 더 나이를 먹은 우리들이 후배들의 능력과 관점을 인정하고 그로부터 유익을 얻지 못하게 하는, 더 용서할 수 없는 형태의 자만으로부터 자신을 지키지 않아도 되는 걸까 하는 의문이 생긴다. 주님께서 새로이 세운 제자들에게 하신 말씀 중 첫 번째로 기록된 말씀을 기억하자. "심령이 가난한 자는 복이 있나니 천국이 그들의 것임이요" 또한 고린도전서

Self-Discipline

How we need practically to bear in mind the truth that it is by that which 'every joint supplieth' that the Spirit of God will accomplish His ministry on behalf of the Body! No man, however important, can say to another; "I have no need of thee." It is easy, whilst not saying this in so many words, yet in effect to show that we do not consider ourselves dependent upon the co-operation and prayerful judgment of brethren. We need to take heed lest we 'despise' the least of 'these little ones'. The writer remembers being told in his youth that young men needed to guard against self-conceit, as this was a failing to which they were prone. This, no doubt, was true of the young men of that time; but as years have passed, the question has sometimes presented itself whether those of us who are now older do not need to guard against a still more unpardonable form of conceit, which renders us unable to appreciate and profit by the powers and views of our juniors. Let us remember that the first recorded words of our Lord to His newly-made disciples were: "Blessed are the poor in spirit, for theirs is the kingdom of heaven." Again, in the First

자기 훈련

에는 "만일 누구든지 무엇을 아는 줄로 생각하면 아직도 마땅히 알 것을 알지 못하는 것이요"라고 쓰여 있다. 주의 일을 하는 경험은 큰 축복이 될 것이고 또 되어야 하지만, 그것이 진정한 겸손과 함께 하지 않을 때는 축복의 방해물이 될 가능성이 있다. 새로운 상황에 관한 하나님의 마음을 새로운 생각을 통해서 나타내시는데 겸손하지 않으면 그것을 방해할 수 있다.

Self-Discipline

Epistle to the Corinthians it is written that "If any man think that he knoweth anything, he knoweth nothing yet as he ought to know." Whilst experience in the Lord's work is intended to be, and should be, a great blessing, it is possible for it, unless accompanied with true humility, to become a hindrance, as it may prevent a man from assimilating new thought, which really represents the mind of God in regard to a new situation.